Frank Geile

Entlang des Rheins

Von Düsseldorf bis Zons

W0213439

J.P. BACHEM VERLAG

Umschlagabbildung:
Die Skyline der Düsseldorfer Altstadt mit dem markanten Turm der Lambertuskirche und dem Schlossturm.

Bild rechts:
Seit die Rheinpromenade 1993 fertig gestellt wurde, hat sich die so genannte „Spanische Treppe" unweit der Lambertuskirche zu einem Anziehungspunkt vor allem für junge Leute entwickelt. Kleinkünstler, Müßiggänger und Inline-Skater geben sich hier ein Stelldichein.

Bibliografische Information Der Deutschen Bibliothek
Die Deutsche Bibliothek verzeichnet diese Publikation in der Deutschen Nationalbibliografie; detaillierte bibliografische Daten sind im Internet über
http://dnb.ddb.de abrufbar.

ISBN 3-7616-1656-2

1. Auflage 2003
© J. P. Bachem Verlag, Köln 2003
Redaktion und Lektorat: Martina Dammrat, Köln
Einbandgestaltung und Layout: Heike Unger, Berlin
Reproduktionen: Reprowerkstatt Wargalla GmbH, Köln
Druck: Druckerei J. P. Bachem GmbH & Co. KG, Köln
Printed in Germany
ISBN 3-7616-1656-2
www.bachem-verlag.de

Inhalt

Dü1

„Mihi est propositum in taberna mori." Mir ist vorbestimmt in einer Taverne zu sterben – so dichtete es ein Kölner Poet um die Mitte des 12. Jahrhunderts. Und dieses Bild des ewig lächelnden, einem guten Trunk nie abgeneigten und zur Karnevalszeit komplett durchgeknallten Rheinländers geistert bis heute durch die Vorstellungswelt der Millionen Besucher, die die Region zwischen Düsseldorf und Bingen jedes Jahr besuchen.

Die Wahrheit geht freilich tiefer. Das Rheinland, von Carl Zuckmayer einst als die Völkermühle Europas bezeichnet, hat in seiner Vergangenheit viele Stürme über sich ergehen lassen müssen. Römer, Franken, Schweden, Franzosen, Engländer und Preußen überschwemmten das Land, zerstörten, bauten auf, zogen weiter oder zogen es vor zu bleiben. Sie alle prägten dem Land ihren Stempel auf, ohne den darunter liegenden gänzlich zu zerstören. Die Landschaft, die Gebäude und natürlich die Menschen, die hier leben – sie alle atmen den Geist einer 2000-jährigen europäischen Geschichte.

Dieser Band der Reihe „Entlang des Rheins" beschreibt das alte Kaiserswerth mit seiner mächtigen Pfalzruine, die vitale Landeshauptstadt Düsseldorf mit ihren vielen Facetten und das idyllische Zons, welches bis heute in seinen mittelalterlichen Mauern vor sich hin träumt.

Das Buch richtet sich an Reisende, die sich per Schiff auf das Abenteuer Rheinland einlassen wollen. Und auch Auto-, Bahn- und Fahrradfahrer sind eingeladen, das Rheinland zu „er-fahren".

Und nun wünsche ich Ihnen viel Spaß und Vergnügen beim Schmökern, Lesen und natürlich beim Besuchen dieser Region!

Frank Geile

Bei den Grabungsarbeiten für den Rheinufertunnel stieß man Anfang der 90er-Jahre auf die Reste der ehemaligen Düsseldorfer Zitadelle. In Erinnerung an die „maritime" Vergangenheit der Stadt rekonstruierte man das alte Hafenbecken, welches allerdings keine direkte Verbindung mehr zum Rhein hat. Der alte Aalschokker wurde 1996 per Kran in das Becken gelassen und erinnert an die Fischerei als einem wichtigen Wirtschaftsfaktor der Region. Im Hintergrund das Gebäude des Deutschen Keramikmuseums, das mit rund 3500 Objekten zu den größten seiner Art in Deutschland zählt.

11 Kaiserswerth

1

Vorherige Doppelseite: Panoramablick auf Kaiserswerth – so erblickten schon im Mittelalter die Rheinschiffer die Zollstation und die Stadt, wenn sie die Fahrt auf dem Rhein unterbrechen mussten, um hier anzulegen und den Zoll zu entrichten.

Ebenso beeindrucken schon von weitem die Ruinen der ehemaligen Pfalz von Kaiserswerth, die ursprünglich mehr als doppelt so hoch waren wie heute. Im Mittelalter, als der Pegel des Rheins noch höher lag, befand sich die Festung direkt am Fluss und hatte einen eigenen Schiffsanleger. Keinen Geringeren als den englischen König Richard Löwenherz hielt man hier gefangen, bis er gegen Lösegeld freigelassen wurde.

Von Kaisern und Missionaren

Wer sich der ehemaligen Reichsstadt Kaiserswerth von der Rheinseite her nähert, dem fällt zunächst die mächtige Mauer der alten kaiserlichen Rheinpfalz auf, die sich fast 14 Meter hoch direkt am Strom erhebt und im 12. Jahrhundert unter Kaiser Barbarossa als die „Zierde des Reiches“ erbaut wurde.

Schon diese beeindruckenden Ruinen erzählen von der einstigen Pracht und Größe der Stadt, die erst 1929 nach Düsseldorf eingemeindet wurde. Wer alle Sehenswürdigkeiten Kaiserswerths erkunden möchte, der muss schon hinter die Mauern schauen. Er wird überrascht sein, den schönsten und malerischsten Stadtteil Düsseldorfs zu entdecken, der bis heute seinen historischen Charme bewahrt hat.

Den Namen hat die Stadt von der Geschichte und der Geographie bekommen. Das alte Wort Werth steht dabei für Insel oder Sandbank. Viele Orte tragen diese Bezeichnung bis heute in ihrem Namen, so die Insel Nonnenwerth bei Remagen oder auch der Düsseldorfer Stadtteil Volmerswerth, die alle im 7. und 8. Jahrhundert gegründet wurden.

Zunächst klein und nur mit schwachen Kräften besetzt, entwickelt sich Kaiserswerth bald zu einer der stärksten Festungen am Niederrhein, die sowohl politisch als auch ökonomisch einen wichtigen Beitrag zur kaiserlichen Geschichte des mittelalterlichen Deutschland schuf. Hinzu kam die günstige

Blick auf das Fluttor und die Rheinpromenade vor dem Schiffsanleger. Bei schwerem Hochwasser wird das Tor durch große Balken geschlossen und mit Sand und Planen abgedichtet, um die Innenstadt vor den Fluten zu schützen. Im Hintergrund erkennt man auch das ehemalige Zollhaus.

Verkehrslage von Kaiserswerth: Es lag an dem uralten Handelsweg, dem Hellweg, der von Osten kommend hier den Rhein überquerte und auf die alte Römerstraße stieß, die von Köln nach Xanten führte. Die lang gestreckte Lage des Marktes erzählt bis heute die Geschichte dieser Handelsniederlassung, die ihn vor allem bei den Fernhandelskaufleuten interessant machte. Auch die durchziehenden Pilger trugen neben der kaiserlichen Burgverwaltung, die im Bedarfsfall enorme Mengen an Waren und Lebensmitteln benötigte, zum Wachstum des Marktfleckens bei.

Heute gehört Kaiserswerth mit rund 7 500 Einwohnern zu den kleinsten der 49 Düsseldorfer Stadtteile. Durch die idyllische Lage am Strom, eingebettet in der weiten Niederrheinlandschaft, entwickelte sich der Stadtteil außerdem zu einem der beliebtesten und wohlhabendsten Wohnviertel. Dreierlei lockt zur Besichtigung: die romanische Basilika, die schon vom Schiff her zu sehen ist, die Ruinen der Kaiserpfalz aus dem 11. Jahrhundert sowie die kleine pittoreske Stadt, die fast ausschließlich aus dem 18. Jahrhundert stammt.

Die Stadt Kaiserswerth lässt sich gut vom Schiffsanleger aus erkunden. Direkt am Hochwassertor, das auch heute noch verschlossen werden kann, lassen sich die Flutmarken der vergangenen 100 Jahre ablesen. Das Alte Zollhaus (Nr. 4) mit einem großen und einem kleinen Barockgiebel beherrscht

1

Eine Gedenktafel am Hochwassertor erinnert an die Treidelstation, die den Bürgern der Stadt jahrhundertelang ihr Auskommen bot. Hier wurden die Pferde gewechselt, welche die Boote – vor der Ära der Dampfschifffahrt – stromaufwärts ziehen mussten. Ein einträgliches Geschäft für die Gastronomen, die sich gerne an solchen Wechselstationen niederließen, um den Schiffern die Wartezeit auf angenehme Art und Weise zu verkürzen.

an dieser Stelle den Stadteingang. Noch heute erinnert an der Hausecke eine Skulptur an den Zöllner, der hier den Rhein überwachte und den Zoll eintrieb. Unmissverständlich donnerten von der Pfalz die Kanonen, wenn sich ein Schiff einfach davonmachen wollte, ohne die Zollgebühren zu begleichen. Das gegenüber dem Zollhaus liegende prächtige Doppelhaus (Nr. 11 und Nr. 13) mit seinen schönen Portalen erinnert an die Zeit der blühenden Seidenweberei Mitte des 19. Jahrhunderts. Der Inhaber der Kaiserswerther Seidenweberei, Kommerzienrat Preyers, war ein wichtiger Arbeitgeber für Kaiserswerth. Er stellte in seiner Fabrik Seiden- und Samtbänder her.

Gleich neben dem Barockbau befindet sich heute das Gasthaus „Im Schiffchen“ mit seiner hervorragenden französischen Küche. Schon seit vielen Jahren zählt das Luxusrestaurant des 4-Sterne-Kochs Jean-Claude Bourgueil zu den Top-Adressen in Düsseldorf und Umgebung. Der Messingknopf der schweren Eichentür zeigt einen Doppelstern: das Symbol des Kaiserswerther Stadtpatrons Suitbertus, welches uns überall in Kaiserswerth begegnet.

Schräg gegenüber erkennt man am Ende der Fliednerstraße den alten Mühlenturm. Er markiert den nordwestlichen Eckpfeiler der früheren Verteidigungsanlage. Folgt man dieser Gasse, dann erreicht man nach wenigen Schritten den Gebäudekomplex der evangelischen Gemeinde: Pfarrhaus, Schule und die 1811 erbaute Stadtkirche. Das Pfarrhaus war die erste Ausbildungsstätte der Diakonissen, einer Art evangelischer Nonnen, die Theodor Fliedner (1800–1864) ins Leben gerufen hatte. Fliedner, der 1822 eine Pfarrstelle in Kaiserswerth übernommen hatte war von den elenden Zuständen

in den Krankenhäusern und Gefängnissen erschüttert. Gerade für weibliche Gefängnisinsassen war die Haft gleichbedeutend mit einem lebenslangen sozialen und gesellschaftlichen Abstieg. Fliedner kümmerte sich um die entlassenen Frauen und bildete sie ab 1833 in seinem neu gegründeten Asyl in Kaiserswerth zu Krankenpflegerinnen aus, womit er zwei Probleme auf einmal lösen konnte. Bald wurde seine Schule auch von staatlicher Seite unterstützt und er nahm nun auch junge, ambitionierte Frauen auf, um sie in der Krankenpflege auszubilden. 1848 erhielt er vom preußischen Staat die alte Invalidenkaserne am Kaiserswerther Markt.
Einige Meter weiter liegt das schlossähnliche Gebäude der früheren Theodor-Fliedner-Schule, die der Ausbildung der Diakonissen diente. Heute ist dort eine Grundschule untergebracht.
Hier hatte auch Fliedners berühmte Schülerin, die englische Krankenschwester Florence Nightingale (1820–1910), gewohnt, die sich während des Krimkrieges aufopferungsvoll um die Verwundeten kümmerte und als Erneuerin des englischen Krankenpflegesystems gilt.

Das ehemalige Zollhaus mit seinen schönen geschweiften Giebeln, welches als eines der wenigen Gebäude die Beschießung von 1702 einigermaßen heil überstanden hat. In der Fassade kann man heute noch einige steinerne Kanonenkugeln entdecken, die nach dem Krieg als Symbol der Wehrhaftigkeit und Standfestigkeit eingebaut wurden. An der Ecke die Skulptur des Zöllners, der seinen Stiefel auf einen Kahn gesetzt hat und mit beiden Händen das Zollgeld in seinen Beutel zählt.

Die Straße „ Zum hohen Wall“ gehört zum ehemaligen Festungsgürtel von Kaiserswerth und mündet auf den Kaiserswerther Markt. Richtung Westen überspannt die Klemensbrücke den alten Festungsgraben, der sich bei Hochwasser regelmäßig mit Wasser füllt. Wenn man sie überquert, gelangt man in das neu gebaute Klemensviertel, auf dessen zentralem Platz auch der Wochenmarkt stattfindet. Das am Eingang gelegene Restaurant Tonhalle hat sich in den letzten Jahren ebenfalls einen guten Ruf als anspruchsvolles Speiselokal erworben. Wer sich al-

1

Tipp: Galerie Burghof! Bei schönem Wetter unbedingt draußen sitzen und bei französischem Weißbrot mit Käse und einem Glas Wein oder einem Alt den Blick über das Wasser gleiten lassen. So träumt es sich am besten vom nächsten Urlaub.

lerdings auf ein kulinarisches Wagnis der besonderen Art einlassen möchte, dem sei ein Besuch in der wohl berühmtesten Pommesbude der Landeshauptstadt empfohlen. Der Berliner Imbiss an der Haltestelle der U79 ist in den letzten Jahren regelmäßig auf den ersten Plätzen der hiesigen Gastronomieführer gelandet. Unerreicht ist die Currywurst, die nur besonders mutige Menschen mit der „besonders scharfen" Sauce bestellen.

Zurück am Kaiserswerther Markt, biegt man rechts in die Straße „An Swidbert", wo noch viele herrliche alte Häuser aus dem 18. Jahrhundert stehen. Schlendert man die Straße bis zum Ende, erreicht man den Parkplatz der Galerie Burghof, einer der schönsten Biergärten überhaupt. Kurz vorher, in Haus Nr. 65, befindet sich die Gaststätte „Zum Ritter" mit einem romantischen Biergarten, der im Gegensatz zum Burghof auch länger als 22 Uhr geöffnet hat. Im Innern erwartet den hungrigen Gast eine urrheinische Gaststätte mit holzgetäfelten Wänden und typischen Gerichten der Region. Vom Biergarten der Galerie Burghof genießt man einen wunderbaren Blick über den Rhein und die typische Wiesenlandschaft des Niederrheins. An klaren Sommertagen kann man am Horizont sogar die gewaltigen Duisburger Stahlwerke erkennen. Im Laufe der Jahre wurden die Räumlichkeiten immer wieder liebevoll mit mittelalterlichen Sammlerstücken dekoriert. Eine schwe-

re Ritterrüstung, ein uralter von der dunklen Decke herabhängender Vogelkäfig, ein Rollstuhl, ein Schlitten oder gar eine Kutsche im Innenhof sind nur einige der hier ausgestellten Antiquitäten. Wer es ganz schaurig liebt, dem sei auch noch ein Besuch der Toiletten empfohlen – Sie werden schon sehen.
In den Rheinwiesen finden in den Sommermonaten viele Grillabende der örtlichen Jugend statt. Sie werden von den Ordnungshütern nicht gern gesehen, aber stillschweigend geduldet, solange die Kids nicht die ganze Wiese abfackeln. Eine kleine Autofähre setzt täglich mehrmals über nach Lank-Latum. Auf Kaiserswerther Seite ist noch der große Biergarten des Restaurants „Alte Fähre" erwähnenswert, der vor allem im Sommer viele Besucher anlockt.

Schon von weitem zeugen die Ruinen der Kaiserpfalz von ihrer einstigen Größe. In dem dezentral organisierten deutschen Kaiserreich des Mittelalters kam den Pfalzen eine besondere Bedeutung zu. Da das Land keine Hauptstadt kannte, zogen die Kaiser mit ihrem gesamten Hofstaat durch das Reich und benutzten die befestigten Wohnstätten und Burgen, um dort Gericht zu halten und die Verwaltung der jeweiligen Region zu organisieren. Neben der strategisch wichtigen Lage an diesem Rheinübergang waren es vor allem finanzpolitische Überlegungen, die Kaiser Friedrich Barbarossa im Jahre 1174 dazu bewogen, die Insel Suitbertuswerth zur Reichszollstätte zu erheben. Nach rund 20 Jahren Bauzeit erhob sich dann die gewaltige Pfalz, die dem Herrscher die Zolleinnahmen der vorbeifahrenden Händler sicherte und nun auch den Namen Kaiserswerth bekam.

1

Wer heute die spärlichen Überreste der Pfalz besucht, ist zunächst sicher von den gewaltigen Mauern beeindruckt, die zwischen 3 und 5,60 Meter dick sind. Neben Tuff- und Ziegelstein und dem hellen Trachyt sind es vor allem die mächtigen dunklen Basaltblöcke, die als Baumaterial der Pfalz dienten. Gebrochen wurden die von Natur aus sechseckigen Basaltsäulen in den großen Steinbrüchen bei Remagen. Mit großen Transportflößen, die teilweise bis zu 100 (!) Tonnen fassen konnten, wurde das begehrte Baumaterial über den Rhein in den Norden geschafft, wo man es für den Bau von Burgen und Kirchen der Fürsten und Kaiser verwendete. Der Rhein hatte mit seinen periodischen Überschwemmungen zwar genügend Lehm abgelagert, welcher sich hervorragend zur Ziegel- oder Backsteinherstellung eignete. Die vielen Ziegelsteinhäuser am Strom geben ein gutes Zeugnis davon. Aber wer eine feste, starke Burg sein Eigen nennen wollte, war auf diese Steintransporte zwingend angewiesen. Dabei wurde der relativ harte Basalt gerne für das Fundament und die ersten oberirdischen Meter verwendet, danach nutzte man den billigeren Trachyt, der vom – namensverwandten – Drachenfels bei Königswinter stammte. Am Rheinlauf von der holländischen Grenze bis nach Bingen lässt sich diese „Hell-Dunkel-Architektur" nachweisen. So sind viele mittelalterliche Gebäude wie das Rheintor in Zons, der Rathausturm in Köln und etliche Burgen am Mittelrhein nach genau dem gleichen Muster erbaut worden. Die senkrechten Bänder aus hellem Trachyt wirken dem möglichen Abrutschen der dunklen Basaltsäulen entgegen und geben – neben dem attraktiven optischen Element – der Mauer im Falle eines Beschusses eine extreme Widerstandsfähigkeit.

Direkt am Rhein gelegen: Haus Freiheit des Dichters Herbert Eulenberg (1876-1949). Das Haus, auf den Fundamenten der alten Bastion, wurde 1904 von Eulenberg gekauft und entwickelte sich rasch zu einem Anziehungspunkt der deutschen Schriftstellerszene zu Beginn des 20. Jahrhunderts. Pappeln, knorrige Kopfweiden und weit geschwungene Wiesen, die jedes Jahr überschwemmt werden, gehören zum Bild der typischen Niederrheinlandschaft.

Heute beträgt die maximale Höhe der Rheinfront rund 14 Meter und erreicht damit nur noch knapp die Hälfte der ursprünglichen Höhe. Im Ganzen war die Pfalz wahrscheinlich über 50 Meter lang und knapp 30 Meter breit. Die ungefähren Ausmaße werden einem am ehesten bewusst, wenn man auf dem neuen, von alten Kastanien gesäumten Hochwasserdamm steht, der sich seit dem 19. Jahrhundert quer durch die ehemalige Pfalzanlage zieht. Er gilt heute als die kleinste Allee Deutschlands.

Von diesem Standpunkt aus kann man genau in den Innenraum der Ruine blicken, die manchmal auch zur kostenlosen Besichtigung offen steht. Quadratische Fundamentreste markieren den Standort des alten, fast 60 Meter hohen Bergfrieds, der nach 1702 komplett gesprengt und geschliffen wurde. Damals tobte um die kleine Stadt eine der blutigsten Schlachten des spanischen Erbfolgekrieges (1701–1714). Kaiserswerth wurde von französischen Truppen besetzt gehalten. Die alliierten Armeen der Preußen, Engländer, Habsburger und kaisertreuen Fürsten schlossen die Festung jedoch schneller als erwartet ein und am 15. April 1702 begann eine der furchtbarsten Belagerungen, die der Kontinent bisher gesehen hatte. Fast zwei Monate prasselte ein Bombenregen von rund 130 000 Granaten und Kanonenkugeln auf die französischen Soldaten ein, die sich schließlich am 9. Juni

1

Die Kaiserswerther Pfalz während des Hochwassers 2003: Hinter dem Turmfundament erkennt man einen kleinen ummauerten Hof, welcher nach neuesten Erkenntnissen vermutlich als Frischhaltebecken für Rheinfische diente, die hier quasi „auf Lager" gehalten wurden. Im Falle einer Belagerung sicher ein nicht zu unterschätzendes Nahrungsmittelreservoir. Da der Rhein im Mittelalter einen sehr viel höheren Wasserstand aufwies, kann man sich gut vorstellen, wie das Becken durch die vergitterte Türe zu fast jeder Zeit mit Frischwasser versorgt wurde.

ergeben mussten. Von den einstmals 6000 Verteidigern kamen knapp 800 mit dem Leben davon. Die Stadt selber sei, wie es ein zeitgenössischer Beobachter meldet, nur noch „ein Steinhaufen". Lediglich vier Häuser, darunter das Zollhaus, haben die Belagerung überstanden.

In den nächsten Monaten verrichteten die Sprengkommandos ihr Zerstörungswerk. Die Pfalz, die mit ihren mächtigen Mauern noch weitgehend intakt war, wurde fast vollständig demoliert und verlor völlig ihre Bedeutung als Zollstätte und Festung. In den folgenden zwei Jahrhunderten diente die Ruine den Bewohnern Kaiserswerths als billiger Steinbruch. Wer heute darüber die Nase rümpft, sollte sich die große Armut der Bevölkerung vor Augen halten, die sie zu diesem Schritt veranlasste. Durch dieses Zerstörungswerk verlor die Stadt endgültig ihre einstige Bedeutung und versank in einen Dornröschenschlaf, der sie weitgehend, manche sagen glücklicherweise, von der modernen Bebauung des 19. und 20. Jahrhunderts verschonte. Wenn man heute durch die Gassen der Stadt wandert, stellt man fest, dass ein Großteil der Häuser aus der ersten Hälfte des 18. Jahrhunderts, also aus der Zeit nach dem Bombardement, stammt.

Von der Allee erkennt man übrigens schon das Dach der alten Stiftskirche von Kaiserswerth, der eigentlichen Keimzelle der Stadt.

Um das Jahr 700 begann der aus England stammende Mönch Suitbertus hier am Ufer des Rheins, der damals die christlichen Franken von den heidnischen Sachsen trennte, seine Missionsarbeit. Er gründete eine Kirche und ein Kloster, welches nach seinem Tod 713 eine wichtige handelspolitische

Am Stiftsplatz, im Schatten der alten romanischen Kirche, scheint die Zeit stehen geblieben zu sein. Hier finden sich idyllische Toreingänge, die den Blick auf liebevoll gepflegte Gärten freigeben, die schon fast mediterranen Flair haben. Am alten Probsthaus kann man über dem Torbogen noch das Wappen der Familie Norff erkennen.

Stellung einnahm. Vor allem nach der Heiligsprechung des Missionars entwickelten sich Kloster, Stift und Burg prächtig, denn neben den Zöllen waren es nicht zuletzt auch die Einnahmen, die die Pilger nach Kaiserswerth brachten, um vor dem Schrein des Heiligen Suitbertus zu beten.

Der Stiftsplatz mit den alten Häusern zählt zweifellos zu den reizvollsten und idyllischsten Plätzen am Niederrhein. Reich verzierte Wappenschilder über den Haustüren erzählen von großer Vergangenheit. Es lohnt sich, sich einige Minuten Zeit zu nehmen, die Kirche zu umrunden und den Platz „atmen" zu hören. Zu Füßen befand sich jahrhundertelang der Friedhof der kleinen Gemeinde, von dem auch die großen Grabsteine stammen, die nun an der Rheinseite des Platzes in die kleine Mauer eingelassen sind.

Bevor man die Kirche durch den Seiteneingang betritt, sollte man noch einen Moment vor dem Relief verweilen. Es ist dem großen Prediger und Aufklärer Friedrich von Spee (1591–1635) gewidmet, der in Kaiserswerth geboren wurde. Bereits mit 21 Jahren trat er in den Jesuitenorden ein, wo er bald eine Aufgabe zugeteilt bekam, die ihm mehr als alles andere zuwider war. Er musste den Frauen, die von der Inquisition als Hexen verurteilt worden waren, die Beichte abnehmen und sie auf ihren letzten Gang zum Scheiterhaufen begleiten.

Im 16. und 17. Jahrhundert hatte sich eine Atmosphäre von Denunziationen, Verdächtigungen und Folter über das Land gelegt. Fanatische Mönche und Priester jagten vermeintliche Hexer und vor allem Hexen. Hunderte von Frauen und Männern wurden aufgrund verleumderischer Anklagen gefangen gesetzt, gefoltert und so gut wie immer

auch ermordet. Und mitten in diesem Strudel von Gewalt und Tod stand Friedrich von Spee. Nachdem er mehr als 200 Frauen auf den Scheiterhaufen begleitet hatte, hatte er den religiösen Wahnsinn offensichtlich durchschaut. Um 1629 entschloss sich von Spee, seinem Gewissen Luft zu machen. Unter einem Pseudonym veröffentlichte er in Köln seine berühmte Schrift *Cautio Criminalis* (Vorsicht vor dem Urteil), die er auf dem Relief in der Hand hält.

In seiner Schrift wendet sich Spee scharf gegen die Hexenverfolgung der Inquisition. Seine Gedanken gipfeln in der Erklärung, dass keine der Frauen, denen er die letzte Beichte abgenommen hatte, wirklich schuldig gewesen sei. Einige Rechtsgrundsätze, die er formulierte, haben sogar Eingang in alle bekannten zivilisierten Strafprozessordnungen gefunden, zum Beispiel: „Jeder muss so lange für schuldlos gelten, als ihm seine Schuld nicht rechtmäßig bewiesen ist." Friedrich von Spee wurde als Autor der Schrift überführt und von der Kirche zur „Betreuung der Kranken" in das pestverseuchte Trier geschickt. Schon kurze Zeit später, im Jahr 1635, starb er an der Seuche, was für einige kirchliche Würdenträger nicht überraschend gewesen sein mag. Sein Grab galt fast 350 Jahre als verschollen. Erst 1983 entdeckte man in der Trierer Jesuitenkirche seine letzte Ruhestätte.

Die Darstellung an der Ostseite der Kirche, die der Düsseldorfer Künstler Bert Gerresheim anlässlich

Über die Treppe gelangt man von der Rheinpromenade zu der romanischen Stiftskirche mit ihrem idyllischen Hof. Die beiden Türme, die im Zweiten Weltkrieg zerstört wurden, hat man nicht mehr aufgebaut. Fast vergessen ist der „Nasse Zehnt", der zehnte Teil der Weinernte aus Rheinbrohl, den die Stiftsherren von Kaiserswerth jedes Jahr bis ins 18. Jahrhundert von den Winzern einforderten.

In der Stiftskirche birgt der künstlerisch außerordentlich prächtig gearbeitete Schrein die Überreste des Heiligen Suitbertus. Gerade das liebevoll restaurierte Innere der Kirche gibt einen guten Einblick, wie romanische Kirchen – und wohl auch diese – ausgesehen haben.

des 400-jährigen Geburtstags des Aufklärers geschaffen hat, zeigt eine Fülle von Symbolen und Einzelheiten aus dessen Leben. Eine kleine Informationsschrift über das Denkmal wird in der Kirche angeboten. – Ein besonderes Augenmerk verdient die Frau in Spees Armen. Sie trägt die Wundmale Christi: auf der Stirn eine Wunde von der Dornenkrone, an den Händen die Wunden von den Nägeln. Eine Frau wird als Christus dargestellt – eine absolute Einzigartigkeit an einem katholischen Gotteshaus.

Eine der schönsten niederrheinischen Pfeilerbasiliken wird im Inneren der Kirche sichtbar. St. Suitbertus ist – wie die meisten Kirchen – geostet, das heißt, der heiligste Platz, der Altar, steht im Osten des Baues. Obwohl im Krieg stark zerstört, ist St. Suitbertus in den 50er-Jahren wieder hervorragend aufgebaut worden. Wertvollster Besitz der Kirche ist der Schrein mit den Gebeinen des Heiligen aus dem 13. Jahrhundert. Er besteht aus einem Eichenholzkern, der mit vergoldeten Kupferplatten beschlagen und von außen herrlich verziert wurde. Die Vorderseite zeigt Suitbertus mit dem Bischofsstab mit seinen beiden fränkischen Gönnern Pippin von Heristal und Plektrudis, seiner Gemahlin. Die künstlerische Gestaltung in Form einer Basilika erinnert an den Dreikönigsschrein im Kölner Dom. Wenn man sich ein wenig mehr über die Baugeschichte der Kirche informieren möchte, sollte man durch die Bankreihen zum großen Haupteingangstor gehen. Dort stehen Stellwände, die alte Grafiken und Fotos der Basilika zeigen. Besonders eindrucksvoll sind dabei die Bilder, die die Kirche am Ende des Krieges mit den schweren Zerstörungen zeigen.

Vom Stiftsplatz kann man, versteckt in einem Hinterhof, noch das so genannte „Romanische Haus" erkennen. Bei Sanierungsarbeiten stieß man im 19. Jahrhundert auf romanische Wandreste und Balken, die auf das Jahr 1251 datiert wurden. Damit zählt das kleine Haus zu den sechs am besten erhaltenen romanischen Gebäuden in Deutschland.

Wer Kaiserswerth heute besucht, der sollte sich vor allem an schönen Wochenendtagen auf viele Gäste einstellen. Gerade für die Düsseldorfer stellt der Stadtteil mit seinen ausgedehnten Spazierwegen entlang des Rheins ein ausgezeichnetes Naherholungsgebiet dar. Zusätzliche Tagestouristen reisen auch mit den Schiffen der KD aus Düsseldorf an, die im Stundenrhythmus in Kaiserswerth anlegen und vor allem im Sommer für einige Stunden kleine Reisegruppen „ausspucken". Nach 17 Uhr gehört die Stadt dann wieder den Einheimischen oder denjenigen Reisenden, die gemütlich durch die romantischen Gassen schlendern möchten.

Mit dem Auto oder dem Schiff geht es nun zum nächsten Punkt unserer Reise, der Landeshauptstadt Düsseldorf. Falls Sie die Reise auf dem Fluss antreten, fahren Sie an der typischen Niederrheinlandschaft dieser Region entlang. Sattgrüne Weiden, weit ausladende Kopfweiden und immer wieder Pappelreihen, die den Fluss säumen. Nachdem man die 2002 neu errichtete A44-Rheinbrücke unterquert hat, geht es an der ehemaligen Insel Mönchenwerth vorbei, bis man schließlich am Horizont die Skyline von Düsseldorf mit dem charakteristischen, schlanken Rheinturm und den Pylonen der ersten drei Rheinbrücken erblickt. Nicht umsonst spricht man in diesem Zusammenhang auch von der „Düsseldorfer Brückenfamilie".

Diebels

21 Düsseldorf

Vorherige Seite:
Die Düsseldorfer Rheinpromenade mit dem Turm der Lambertuskirche, Schlossturm und Pegel. Im Schlossturm, der den Brand des kurfürstlichen Palastes von 1871 überstand, ist heute das Schifffahrtsmuseum untergebracht. Im obersten Stockwerk genießt man im wunderschönen Café einen herrlichen Blick über die Altstadt, den Rhein und die belebte Flaniermeile.

Nicht nur auf der Promenade kann man sich auf einen Imbiss niederlassen, auch manches Schiff lädt zum Verweilen ein.

C'est petit Paris! C'est Düsseldorf!

Ob es wirklich Napoleon gewesen sein soll, der 1811 diesen Satz beim Anblick der eher verschlafenen Residenzstadt gesagt haben soll, oder ob er einer der genialsten Werbesprüche des Touristikamtes ist, lässt sich heute nicht mehr zweifelsfrei nachprüfen. Trotzdem ist es einer der bekanntesten Beinamen Düsseldorfs, der zugleich auch etwas über das Lebensgefühl seiner Bewohner aussagt: immer ein wenig zur genießerischen Arroganz tendierend, das Leben heiter und gelassen betrachtend und nie das rheinische „Grundgesetz" vergessend, das da lautet: „Läwe un´ läwe losse!" (Übrigens das Karnevalsmotto von 2003.) Das zeichnet die Stadt aus, die heute rund 570 000 Einwohner hat, und macht sie zu einem Besuchermagneten, der allein im Jahr 2002 mehr als 3,7 Millionen Gäste anlockte.

Wo vor rund 800 Jahren lediglich ein kleines Fischerdorf am Rhein träge vor sich hin döste, erhebt sich heute eines der wichtigsten Handels- und Dienstleistungszentren Europas. Allein im 50-Kilometer-Radius leben fast neun Millionen Menschen, vergrößert man den Radius auf 200 Kilometer, erreicht man jeden siebten Einwohner der EU! Mehr als 170 Banken, dazu die viertgrößte Börse in Europa und nicht zuletzt die Stellung als Landeshauptstadt des mit 20 Millionen Einwohnern bevölkerungsreichsten Bundeslandes machen die Metropole

auch in wirtschaftspolitischer Hinsicht interessant. Beachtenswert ist auch das kreative Potenzial: Die mehr als 400 Werbeagenturen Düsseldorfs haben die Konkurrenten Hamburg und Frankfurt weit hinter sich gelassen. Mehr als ein Drittel des Etat-Volumens aller deutschen Werbeagenturen wird in Düsseldorf erwirtschaftet. Hier entstand das HB-Männchen, hier kreierte Charles Wilp die Afri-Cola und hier lernte der knuffige Bär einer gleichnamigen Kondensmilch das Laufen.

Doch es sind nicht nur die beeindruckenden Wirtschaftszahlen, die aufhorchen lassen. Es ist dieses schwer zu beschreibende Lebensgefühl, das sowohl

In der Brauerei Goldener Ring sollte man vor allem im Sommer unter den Platanen ein süffiges Altbier trinken und den Blick über den quirligen Burgplatz genießen. Typisch für Düsseldorf sind die Radschläger, denen Alfred Zschorsch 1954 diesen Brunnen widmete. Früher schlugen die Jungen das Rad, um ein paar Pfennige Belohnung zu ergattern, heute gibt es einmal im Jahr einen sportlichen Wettkampf.

Durch diese schmale Gasse muss, wer zum Stiftsplatz von St. Lambertus und damit zu dem ruhigsten und idyllischsten Platz in der ganzen Düsseldorfer Altstadt gelangen will. Das Stadterhebungsmonument stiftete der Heimatverein „Düsseldorfer Jonges" anlässlich des 700-jährigen Stadtjubiläums 1988.

Einheimische als auch Besucher spätestens auf der „Kö", der Prachtmeile par excellence, über die Stränge schlagen lässt. Versuchen Sie es! Lassen Sie sich in einem der vielen Straßencafés nieder, bestellen Sie einen sündhaft teuren Espresso und genießen Sie den Blick auf die flanierenden Menschenmassen, die dem zweiten rheinischen Grundgesetz folgen: Sehen und gesehen werden!

Ob man nun mit dem Schiff oder mit dem Auto angekommen ist, am Besten beginnt man einen Stadtrundgang am Burgplatz, der eigentlichen Keimzelle Düsseldorfs. Schon von weitem erkennt man den runden, hellbeige gestrichenen Schlossturm, der heute oberhalb der großen Freitreppe steht.
Wo noch vor wenigen Jahren die Haupt-Nord-Süd-verbindung verlief, erstreckt sich heute diese herrliche Flaniermeile, die vor allem im Sommer einen unwiderstehlichen, ja schon fast südländischen Charme verbreitet. Zahlreiche Straßencafés und Restaurants geben die perfekte Kulisse für einen gemütlichen Nachmittags- und Abendspaziergang. Unter der Promenade verläuft der Rheinufertunnel, von dem man direkt in das große Altstadt-Parkhaus gelangt.
Vorbei am Radschlägerbrunnen überquert man den Burgplatz und steht vor dem interessantesten Denkmal der Stadt, dem Stadterhebungsmonument. Die von Bert Gerresheim geschaffene, eindrucksvolle Bronzeplastik erinnert an die Verleihung der Stadtrechte an das kleine Fischerdorf an der Düssel im Jahre 1288. Eine Gedenktafel erklärt das auf den ersten Blick etwas verwirrende Monument recht genau. Gegliedert ist es in drei Teile: Ganz links erkennt man eine Gruppe von Rittern und bewaffne-

ten Bauern. Sie repräsentieren die Ursache der Stadterhebung, die berühmte Schlacht von Worringen, in deren Verlauf der gegnerische Erzbischof von Köln gefangen genommen wurde. Zum Dank für die Unterstützung im Kampf wurde das Dorf an der Düssel vom Grafen Adolf von Berg zur Stadt erhoben. Dies wird anhand der entsprechenden Urkunde und den darunter liegenden historischen Stadtplänen gezeigt. Im rechten Teil des Denkmals sind die wirtschaftlichen Grundlagen der jungen Stadt dargestellt: landwirtschaftliche Güter, Fische und – für das Erblühen der Stadt unersetzlich – die Reliquien des heiligen Apollinaris. Seine Knochen zogen zu Beginn des 15. Jahrhunderts die Pilgerscharen nach Düsseldorf, versorgten die Gastwirte mit neuen Kunden und führten zur Belebung des bis dato vor sich hindämmernden Marktes. Die Bezeichnung „Köbes“ für Kellner rührt noch aus dieser Zeit. Man pilgerte zumeist nach Santiago de Compostella, zum Grab des heiligen Jacobus. Diese so genannten Jacobspilger wurden in den Städten am Rhein in den „Jacobshäusern“ versorgt, die wiederum von Jacobswirten betrieben wurden. Jacob heißt auf Rheinisch Köbes, ein Synonym, das im Übrigen auch in Köln gilt. Direkt gegenüber des Denkmals bietet sich eine der fünf traditionellen Altstadtbrauereien für eine Pause an. Vom Denkmal aus hat man auch einen ausgezeichneten Blick auf den Turm der Lambertuskirche. Seine charakteristische Drehung erhielt der Turmhelm erst um 1815, als man nach einem Brand viel zu frisches Holz für den Wiederaufbau verwendete. Als der Turm nach den Zerstörungen des letzten Krieges erneut errichtet werden musste, entschied man sich, ihn von vornherein schief zu bauen. Der Düsseldorfer woll-

Das Innere von St. Lambertus überrascht durch seine helle Gestaltung. Der Chorraum konnte von den Pilgern, die die Reliquien des heiligen Apollinaris verehrten, einmal vollständig umrundet werden. Im Bild hier das Grabmal des Renaissancefürsten Herzog Wilhelm der Reiche.

In der Brauerei Füchschen haben nicht nur die Köbesse, die Kellner, was zu lachen. Hier trifft sich vor allem an den Wochenenden ganz Düsseldorf, um an blankgescheuerten Tischen ein kräftiges Alt und deftige regionale Küche zu genießen.

te den gewohnten Anblick nicht missen – und außerdem, nicht minder entscheidend, gab es mehrere Karnevalslieder, die diesen Umstand gebührend würdigten.

Das Innere der Kirche verdient ebenfalls Beachtung. Ursprünglich nur eine kleine romanische Pfarrkirche, wurde sie 1288 Stiftskirche und musste um 1394 vergrößert werden, als die Reliquien des heiligen Apollinaris in die Stadt kamen. Dabei baute man die neue Kirche um die alte herum. Heute kann man noch Reste der ehemaligen Außenmauern im Innern von St. Lambertus erkennen. Sie fassen jetzt den Altarraum ein. Sehenswert sind der Kirchenschatz und vor allem das prachtvolle Grab des Renaissancefürsten Herzog Wilhelm der Reiche, welches an der Ostseite des Chorumgangs um 1599 errichtet wurde. Wer nun über den Stiftsplatz nach Norden in die Straße „Alte Stadt" schwenkt, der erreicht nach wenigen Schritten ein Stück altes Düsseldorf, welches den Krieg und die Stadtsanierung überlebte.

Folgt man der Ratinger Straße, vorbei am berühmten Ratinger Hof, in dem einst die deutsche Punkbewegung mit den Toten Hosen ihren Anfang nahm, gelangt man unweigerlich ins Düsseldorfer „Bermudadreieck". Der Szenebegriff steht für die vielen gemütlichen Kneipen, wie das Ohme Jupp, das Einhorn und die Uhle, die sich an der Straßenecke etabliert haben und vor allem im Sommer wie ein riesiger Biergarten wirken.

Nur wenige Schritte weiter steht eine der urigsten Brauereien: „Zum Füchschen". Der Besitzer – er war 2001 der Düsseldorfer Karnevalsprinz – hat es verstanden, die Traditionsbrauerei ins 21. Jahrhundert

zu führen und sie dabei für ein jüngeres Publikum attraktiv zu gestalten. So trifft man hier wirklich einen breiten Querschnitt von Liebhabern deftiger Küche und leckeren, selbst gebrauten Altbiers. Ein paar Schritte weiter, am Grabbeplatz, steht ein Bauwerk von internationalem Rang: die Kunstsammlung NRW. Das mit glatt poliertem, schwarzem Marmor verkleidete Museum, das auch als K20 bezeichnet wird, birgt Kunstschätze von Weltrang. Hervorgegangen aus der Sammlung des in Düsseldorf tätigen Künstlers Paul Klee, bietet das Museum mit seinen hellen, großen Innenräumen heute einen guten Überblick über die Kunst des 20. Jahrhunderts.
Info: Grabbeplatz 5, Tel. 0211/838 10, geöffnet Di–So 10–18 Uhr, Fr bis 20 Uhr.
Um der Kunst des 21. Jahrhunderts genug Platz einzuräumen, haben die Stadtväter den ehemaligen Landtag am Graf-Adolf-Platz in das beeindruckende Museum K21 umgewandelt. Schon von weitem zeigt die riesige Glaskuppel den Kunstfreunden aus aller Welt den Weg.
Info: Ständehausstraße 1, geöffnet Di–Fr 10–18 Uhr, Sa und So 11–18 Uhr, erster Mi im Monat bis 22 Uhr (von hier aus gut zu erreichen mit den Straßenbahnlinien 704, 709).

Überquert man die Heinrich-Heine-Allee, erreicht man die Königsallee, Düsseldorfs Prachtmeile. Zuvor, vom Corneliusplatz aus, kann man drei Düsseldorfer Wahrzeichen sehen: das luxuriöse Steigenberger Parkhotel, die geschwungene weiße Fassade des 1970 von Bernhard Pfau erbauten Schauspielhauses und das Thyssen-Krupp-Hochhaus, das aufgrund seiner charakteristischen Form auch als „Dreischeibenhaus“ bekannt ist.

Während der Karnevalstage ist die ganze Stadt aus dem Häuschen. Hier am Karlsplatz verlässt der Rosenmontagszug, der bis zu 70 Wagen haben kann, die Altstadt und fährt in einem großen Bogen weiter zur Königsallee.

Folgende Seite:
Das Innere des neuen Kaufhauses SEVENS an der Königsallee, das alleine schon durch sein futuristisches Café einen Besuch wert ist. Um die Ecke, in der Grünstraße, hat das „stilwerk“ sein Domizil: Auch dort ist auf mehreren Etagen ein Eldorado für Shopping-Fans entstanden.

ESPRIT
ESPRIT
ESPRIT
SEVENS
SEVENS
SEVENS

Entscheidet man sich für einen Bummel auf der Königsallee, heißt es die Kreditkarten festhalten. Sie ist mehr als nur eine teure und edle Einkaufsmeile. Obwohl sie nur bescheidene 900 Meter lang ist, reihen sich auf ihr mehr als 320 Luxusgeschäfte aneinander, die den internationalen Vergleich nicht zu scheuen brauchen. Aber mehr als dem Konsum ist diese Allee vor allem der öffentlichen Selbstdarstellung gewidmet. Nicht umsonst spricht man gerne auch vom letzten öffentlichen Laufsteg der Republik. Auf der Ostseite dominieren Modeboutiquen, Schmuckläden, Auktionshäuser und Cafés. Ein absolutes Highlight stellt die zweistöckige Kö-Galerie dar. Sie wurde 1987 eingeweiht und gilt mit ihren mondänen Luxusgeschäften als ein absolutes Muss für „Konsumjunkies". Jenseits des schnurge-

Der Alte Kaufhof mit seiner 1907 errichteten Jugendstilfassade. Hier lohnt sich ein Blick nach oben. Die beiden Giebel zeigen auf den ersten Blick bärtige Gesichter. Bei genauerem Hinsehen erkennt man jedoch, dass sie aus nackten Frauenkörpern geformt sind. Fast schon ein Skandal zu Beginn des Jahrhunderts! – Im Vordergrund kämpft seit 1902 der Meeresgott Triton mit einem riesigen Fisch, markanter Auftakt des Kö-Grabens.

In Düsseldorf sagt man, dass der Mostert, der Senf, Leib und Seele zusammenhält, das Hirn reinigt und den Magen erwärmt. Wer einmal im Gewürzhaus Vogel auf der Mertensgasse 25 den original Düsseldorfer Senf probiert hat, kann dem nur beipflichten. In dem kleinen Geschäft, im Herzen der Düsseldorfer Altstadt, scheint die Zeit stehen geblieben zu sein. Hier kann man sich seinen Senf sogar noch direkt aus dem Steingutfass abfüllen!

raden Kö-Grabens, Relikt der einst hier verlaufenden barocken Befestigungsanlage, haben sich dagegen bereits um 1900 die großen Banken niedergelassen.
Ihren Namen verdankt die Königsallee übrigens einem handfesten Skandal. Als es 1848 überall in Deutschland nach Revolution roch, besuchte der recht unbeliebte preußische König Friedrich Wilhelm III. die Stadt am Rhein. Zuvor wurde zwischen den rheinischen Kommunen mit ihrer französisch geprägten Gemeinde- und Rechtsstruktur ein erbitterter Streit um den 1811 von den Franzosen eingeführten Code Napoléon geführt, den die Preußen nur allzu gerne abgeschafft hätten. Dieses Strafgesetzbuch stammte noch aus der Ära des großen Korsen, der Düsseldorf von 1806 bis 1815 regierte, und galt in Teilen als fortschrittlicher als das preußische Recht. Als seine Majestät nun aus Köln kommend über die damalige Kastanienallee fuhr, sollen aufrührerische Bürger seinen Wagen mit Pferdeäpfeln beworfen haben. Erst nach dreijähriger „Entschuldigung“ des Stadtrates verzieh der König der Gemeinde und erlaubte sogar die Umbenennung des Boulevards in Königsallee.

Am Ende der „Kö“ steht seit 1907 der Alte Kaufhof mit seiner herrlichen Jugendstilfassade. Nur ein paar Meter weiter schon befindet man sich auf der umsatzstärksten Einkaufsstraße der Republik, der Schadowstraße. Der Düsseldorfer sagt nicht umsonst, dass er sich auf der Kö Appetit holt, den Hunger dann aber lieber auf dieser Straße stillt. Am Anfang lädt sogleich die neue Einkaufspassage, die Schadow-Arkaden, zum Schaufensterbummel ein. Sie ist nicht ganz so mondän wie die Kö-Galerie,

aber dennoch ein konsumtechnisches Erlebnis. Besonders beliebt ist in diesem Einkaufscenter die Poccinobar. Hier trinken die Reichen und Schönen der Stadt auf die Schnelle ihren original italienischen Espresso. Im Untergeschoss kann man aus verschiedenen Restaurants auswählen: ob bayerische Schmankerl, bürgerliche Küche oder ein sehr gutes japanisches Sushi-Angebot, hier findet jeder zu vernünftigen Preisen etwas für den kleinen Hunger zwischendurch. Geht man zurück und am Alten Kaufhof vorbei, erkennt man das 1915 errichtete Carschhaus. Das elegante Kaufhaus musste Anfang der 80er-Jahre zunächst dem neuen U-Bahnhof an der Heinrich-Heine-Allee weichen, wurde danach aber originalgetreu und unter Verwendung der alten Steine wieder errichtet. Auf der gegenüberliegenden Straßenseite erhebt sich der wohl markanteste Bau an der Heinrich-Heine-Allee, das Wilhelm-Marx-Haus. Das Gebäude mit der Persilwerbung wurde 1924 als erstes Bürohochhaus Deutschlands errichtet.

Über die Flingerstraße, einer quirligen Einkaufsmeile, erreicht man nach wenigen Gehminuten eine echte Düsseldorfer Institution: die Hausbrauerei „Zum Uerige“. Hier wird das berühmteste der selbst gebrauten Altbiere ausgeschenkt. Man sollte in dieser Keimzelle rheinischer Bierseligkeit an den blankgescheuerten Tischen mindestens ein Altbier versuchen, sonst hat man wirklich etwas verpasst!

Hier ein Alt trinken ist Kult! Sommers wie Winters sind die Stufen vor der Brauerei „Uerige“ mit durstigen Zechern gefüllt. Im Winter baut der verständnisvolle Wirt an der Bergerstraße sogar Gaspilze auf, um seine Gäste bei Laune zu halten. An sonnigen Wochenenden ist hier so gut wie kein Durchkommen.

Spätestens jetzt wird deutlich, wieso die Altstadt auch als „längste Theke der Welt" bezeichnet wird. Auf einem knappen Quadratkilometer reihen sich rund 280 Kneipen und Restaurants aneinander, die es dem Liebhaber eines guten Tropfens recht schwierig machen sich zu entscheiden.

Gegenüber, im „Kabüffke", der kleinsten zweistöckigen Kneipe der Stadt, genießt man vor allem den original Killepitsch. Dieser Kräuterlikör wird nur in Düsseldorf produziert und gehört zu den begehrtesten Spezialitäten der Stadt.

In der Weinhandlung Busch gibt es den Killepitsch, jenen geheimnisvollen Kräuterlikör, den es nur in Düsseldorf gibt. Seinen Namen hat er aus der Zeit des Zweiten Weltkriegs. Während eines Angriffs saßen der Besitzer der Weinhandlung und sein Freund zusammen im Bunker und glaubten, ihr letztes Stündchen sei gekommen. Daraufhin mixten sie alle alkoholischen Reste zusammen, um sich nochmal richtig einen „pitschen", also trinken zu können, bevor sie „gekillt" werden. Da beide den Krieg überlebten, wird seither das Getränk mit seiner scheinbar lebensverlängernden Wirkung für jedermann produziert.

Bevor man zum Ausgangspunkt des Rundgangs zurückkehrt, sollte man unbedingt noch einen Blick auf den Marktplatz mit dem schönen Renaissance-Rathaus werfen. Einen genauen Blick sind die zwei Giebel rechts und links vom Uhrenturm wert. Obwohl sie auf den ersten Blick gleich aussehen, ist ihre Form doch verschieden. Ein Umstand, den manche Maler aus der berühmten Düsseldorfer Kunstakademie auf ihren Bildern nicht bemerkt haben.

Auf dem Marktplatz steht eines der bedeutendsten Barockdenkmäler Deutschlands: das Reiterstandbild des Kurfürsten Jan Wellem. Er gilt als letzter und zugleich prunkvollster Vertreter des Absolutismus. Unter seiner Regie entwickelte sich Düsseldorf zu einer Kunst- und Kulturstadt von europäischem

Rang. Zusammen mit seiner Frau, einer Medici-Gräfin aus Florenz, schuf er aus der eher verschlafenen Residenzstadt ein kleines Versailles am Rhein. Während seiner Regierungszeit (1679–1716) entstand eine Oper, ein neues Theater, Schloss Jägerhof – kurzum eine repräsentative Hofhaltung. Jan Wellem kümmerte sich vor allem um die Gemäldesammlung seines Vaters, die er entscheidend erweiterte. Nach seinem Tod fiel das Herzogtum Berg mit seiner Hauptstadt Düsseldorf an die bayrischen Wittelsbacher. Pikanterweise brachte der letzte Kurfürst von Bayern, der 1805 über Düsseldorf herrschte und die Stadt gegen seine Königswürde an Napoleon tauschte, die bedeutende Gemäldesammlung nach München, wo sie den Grundstock der Alten Pinakothek bildet.

Durch die kleine Zollstraße gelangt man wieder zur Rheinpromenade zurück. Weiter südlich, wo der Landtag von NRW und direkt daneben der 235 Meter hohe Rheinturm stehen, hat Roncalli-Gründer Bernhard Paul 1996 das Roncalli´s Apollo Varieté Theater eröffnet. Info: Haroldplatz 1, Tel. 0211/828 90 90.

Wenn man nun mit dem Schiff weiter stromaufwärts und unter der Rheinkniebrücke herfährt, erhascht man einen schönen Blick auf den so genannten Medienhafen Düsseldorf. Hier entsteht seit rund acht Jahren eine neue Heimat für Architekten, Werbeagenturen und viele weitere Vertreter der „New Economy“. Vor allem die beeindruckende Architektur der großen Gebäude, die mit den klingenden Namen von Frank O. Gehry, Steven Holl und Fumihiko Maki verbunden sind, verdient einen Hingucker!

Seit seiner Einweihung 1982 dominiert der Rheinturm die Silhouette der Stadt. Zwischen dem Landtag NRW und dem noch im Entstehen begriffenen Medienhafen gelegen, erlaubt er vom ungewöhnlichsten Restaurant der Stadt, dem Top 180, das sich voll verglast und in beeindruckenden 174 Metern Höhe in einer Stunde um sich selbst dreht, bei schönem Wetter einen tollen Blick auf den Rhein und manchmal sogar auf den Kölner Dom. Zu Füßen breiten sich die aufsehenerregenden Gebäude des Neuen Zollhofs von Frank O. Gehry und anderen weltberühmten Architekten aus.

Im Sommer, meistens im Juli, verwandeln sich die Rheinwiesen in ein brodelndes Volksfest, das jedes Jahr Millionen Gäste anzieht. Die Große Düsseldorfer Kirmes zählt damit zu den größten Volksfesten am Rhein. Sehenswert ist das atemberaubende Feuerwerk, das immer am Freitag vor der Kirmes auf den Oberkasseler Rheinwiesen abgefeuert wird.

Apropos Hingucker – auch die linke Rheinseite hat was zu bieten. Genau gegenüber der Altstadt erstreckt sich der Nobelstadtteil Oberkassel, der mit seinen vielen unzerstörten Häusern aus der Gründer- und Jugendstilzeit einem lebendigen Architekturbuch gleicht. Ausgehend von der Oberkasselerbrücke, die 1974 komplett um 50 Meter verschoben wurde, was ihr zeitweise einen Eintrag ins Guinessbuch der Rekorde verschaffte, war um 1900 dieses neue Viertel entstanden, dessen Häuser immer jünger werden, je weiter man sich von der Brücke entfernt.

Einige Stromkilometer weiter, wenn man unter der Südbrücke (der einzigen Autobrücke ohne Mittelpylon) durchfährt, sei die alte Hansestadt Neuss erwähnt. Hervorgegangen aus dem römischen Lager Novaesium lag die Stadt noch bis Mitte des 15. Jahrhunderts relativ nahe am Rhein, bevor dieser sich nach mehreren Hochwasserfluten unwiderstehlich zum Düsseldorfer Ufer hingezogen fühlte. Heute ist der Neusser Binnenhafen immer noch einer der größten in Deutschland und durch einen Kanal mit dem Strom verbunden. Vor allem durch die geplante wirtschaftliche Fusion mit dem Düsseldorfer Hafen können sich hier in naher Zukunft interessante Perspektiven entwickeln. Die gemütliche Innenstadt von Neuss hat so gar nichts von der Hektik der Düsseldorfer. Rund um das Quirinus-Münster, einer schönen Basilika, deren Fundamente noch aus karolingischer Zeit stammen, kann man hier hervorragend shoppen.

Tipp: Gleich gegenüber dem Münster (Münsterplatz 26/ Ecke Quirinstraße) lädt das urige Weinlokal „Stiftskeller" mit einem Gewölbe aus dem 14. Jahrhundert in rund zwölf Meter Tiefe zu einem gemütlichen Glas Wein bei Kerzenschein ein.

Nach über 20 Jahren Bauzeit wurde das Benrather Schloss 1773 fertig gestellt und gilt heute als wahres Kleinod barocker Baukunst. Die prächtigen Innenräume des Schlosses können besichtigt werden. Die Nebengebäude beherbergen das Museum für europäische Gartenkunst und eine Naturkundeausstellung, wonach der angeschlossene Park mit seinem alten Baumbestand zu einem erholsamen Spaziergang einlädt.

Weiter südlich versteckt sich ein architektonisches Juwel: das Barockschloss Benrath. Um die Mitte des 18. Jahrhunderts schuf sich Kurfürst Carl Theodor hier eine seiner schönsten niederrheinischen Residenzen, die er allerdings nie selbst bewohnte. Im Park finden von Juli bis August die beliebten Open-Air-Konzerte statt.

Termine und Tickets: 0211/311 10 70.

Info: Benrather Schlossallee 104, Tel. 0211/899 72 71, geöffnet Di–So von 10–17 Uhr.

Weiter geht die Fahrt, vorbei an der charakteristischen niederrheinischen Landschaft mit ihren Deichen, den knorrigen Kopfweiden und der geschützten Auenlandschaft, die in diesem Bereich noch ihren ursprünglichen Charakter bewahrt hat, bis man nach wenigen Kilometern zur (vorläufig) letzten Station gelangt: der alten Zollfestung Zons.

3 Zons

3

Vorherige Doppelseite: Die Feste Zons in ihrer ganzen Wehrhaftigkeit. Ihre Mauern wurden nie überwunden, was ihr den Beinamen „die Jungfräuliche" eintrug.

In und entlang der Stadtmauern laden zahlreiche sehr idyllische Gaststätten zum Verweilen ein. Die kleinen achteckigen Wachtürme werden auch „Pfefferbüchsen" genannt. An dem zum Rhein gelegenen wurden die Hochwassermarken vergangener Rheinlaunen angebracht. So stand 1784 das Wasser drei Meter hoch in den Straßen.

Zons – semper virgo – das Rothenburg am Rhein?

Der Wahlspruch dieses kleinen Städtchens bedeutet frei übersetzt „immer jungfräulich" und meint, dass Zons nie erobert wurde. Wer sich die mächtigen Mauern anschaut, die bis heute den Stadtkern vollständig umgeben, kann sich gut vorstellen, dass sich hier mancher Angreifer in den vergangenen 700 Jahren die Zähne ausgebissen hat. Allerdings ändern sich die Zeiten und heute sind es vor allem in den Sommermonaten Tausende von erholungssuchenden Touristen, die regelmäßig über die kleine Stadt herfallen. Wer also den Reiz und den Charme dieses „Rothenburgs am Rhein" entdecken möchte, dem sei am Wochenende der frühe Abend oder, noch besser, ein Werktag empfohlen.

Betrachtet man das Umland, die hohen Deiche, die weiten Wiesen und Felder, dann fällt es schwer sich vorzustellen, dass Zons bis ins 14. Jahrhundert unmittelbar am Rhein lag und als befestigte Zollburg die Taschen des Kölner Erzbischofs füllte. In Zons wird wie in kaum einer anderen Stadt deutlich, wie sehr die Menschen und die Wirtschaft am Strom von diesem lebten, aber auch seinen Launen

ausgesetzt waren. Anschaulich wird dies auf den Tafeln am nördlichen Eingang der Stadt. Ob Sie nun von der Schiffsanlegestelle der KD oder vom großen Parkplatz ihren Rundgang beginnen, kurz bevor Sie durch das Rheintor die kleine Stadt betreten, erfahren Sie hier mehr über die besondere geographische Lage der Stadt.

Im Jahre 1372 verlegte der Kölner Erzbischof Friedrich III. von Saarwerden den Rheinzoll von Neuss nach Zons. Er baute das Dorf zu einer wehrhaften Festung aus, die fortan den Namen Friedstrom trug. Schmerzlich war nur, dass der Rhein sich wenige Jahre später entschloss, sein Bett

Das alte Zollhaus aus dem späten 14. Jahrhundert zeigt eine bauliche Besonderheit, die am Rhein immer wieder auffällt: Große sechseckige Basaltsteine bilden das Fundament und den unteren Teil des Gebäudes. Das Zollhaus, über 400 Jahre lang im Besitz des Kölner Domkapitels, diente zur Aufbewahrung des eingetriebenen Zolls. Von 1856–1960 nutzten es Franziskaner und Vincentinerinnen als Kloster.

zu verlassen und einige hundert Meter gen Osten zu wandern. Bis heute meinen „böswillige" Düsseldorfer, das hätte an der Kölner Herrschaft gelegen, die der Strom nicht mehr ertragen konnte.

Die neue geographische Lage brachte zwar wirtschaftliche Schwierigkeiten mit sich, aber noch war die Stadt attraktiv genug, als dass man Kriege um sie führte. In den folgenden drei Jahrhunderten war Zons Zankapfel und Pfandgut. Immer wieder stand die kleine Festungsstadt im Zentrum kriegerischer Auseinandersetzung zwischen den verschiedenen Mächten am Niederrhein.

Im Dreißigjährigen Krieg versuchten hessische Truppen erfolglos, die Festung zu erobern, scheiterten aber an dem erbitterten Widerstand der Zonser Frauen. In einer alten Chronik wird berichtet, dass die Frauen sich auf den großen Turm geflüchtet hatten und von dort einen Hagel aus brennenden Holzscheiten und Steinen auf die verdutzten Angreifer prasseln ließen. Dies war aber auch das letzte militärische Ruhmesblatt der Stadt. Bis zum Einmarsch der Preußen 1815 wechselten sich französische, österreichische, kurkölnische und spanische Besatzungen ab. Dazu brachten mehrere verheerende Hochwasserkatastrophen und furchtbare Brände weiteres Leid über die Bewohner, die sich 1815 vom Zollprivileg endgültig verabschieden mussten.

Heute ist Zons ein behäbiges kleines Städtchen mit rund 1 000 Einwohnern und hat damit fast die gleiche Einwohnerzahl wie im Mittelalter. Und tatsächlich, wenn man durch die engen Gassen und Straßen schlendert, kann man fast den Eindruck gewinnen, als habe sich in den letzten 300 Jahren nicht viel geändert. Bezeichnend ist der quadrati-

Blick auf den Rheinturm an der Nordostecke der ehemaligen Festung, der auch Petersturm genannt wurde. Der wuchtige, sechsgeschossige Turm aus dem Jahre 1388 diente gleichzeitig als Beobachtungsturm und als Tributstätte, in der die Handelsschiffer ihren Zoll entrichten mussten. An der Stadtmauer deutlich sichtbar die geplanten Bogengänge, die offensichtlich nicht mehr fertig gestellt wurden.

Hinter dem Kreismuseum ist immer etwas los. Ein paar Schritte weiter, durch einen kleinen Mauerdurchbruch, erreicht man den inneren Burghof. Um dorthin zu gelangen, geht man am besten auf dem alten Treidelpfad, der direkt an der alten Ostmauer von Zons entlangläuft. Bis heute kann man an der alten Mauer noch die Ringe erkennen, an denen bis ins 14. Jahrhundert die Schiffer ihre Boote festbanden.

sche Grundriss der Stadt, die noch heute von der mittelalterlichen Stadtmauer komplett eingeschlossen wird.

Schon von weitem erhebt sich der mächtige viereckige Rheinturm, mit seinem Rheintor einst der „Haupteingang“ der Stadt, in den Himmel und dient Radwanderern als Orientierungspunkt. Schloss Friedestrom ist nicht nur ein beliebtes Tagungshotel, sondern auch ein hervorragendes Speiserestaurant. In dem großen Gewölbekeller werden mittelalterliche Festgelage veranstaltet.

Das Rheintor ist eigentlich eine Art Torburg, die früher mit zwei Toren ungebetenen Gästen den Zutritt verwehrte. Auch wenn man das äußere Tor aufgebrochen haben sollte, befanden sich die Angreifer immer noch außerhalb der Stadt und in einer Falle: Nun konnten sie, wie 1638 geschehen, von vier Seiten attackiert werden.

Hinter dem Tor beginnt die Rheinstraße, die zu den ältesten bebauten Flächen Zons zählt. Hier erkennt man auch noch gut die ursprüngliche Höhe der Häuser vor dem großen Stadtbrand 1620, den nur vier Häuser überstanden. Zwischen den Dächern ragen die originalen Brandmauern heraus, die man beim Wiederaufbau stehen ließ für den Fall, dass in besseren Zeiten wieder größere und höhere Häuser benötigt werden sollten. In einigen alten Häusern befinden sich heute nette kleine Restaurants, die auch über schöne Biergärten verfügen,

Das Südtor gilt als eines der besterhaltensten Toranlagen seiner Art in Zons. Südlich davon befindet sich die Zonser Freilichtbühne. 1935 gegründet, werden auf ihr bis heute alljährlich und mit großem Erfolg Märchenspiele aufgeführt. Eine willkommene Pause, vor allem für Familien, auf Radtouren und während der Stadtbesichtigung.

etwa das „Alte Zollhaus". Ein Blick auf die Eingangstreppen verrät dem Eingeweihten schon eine Menge über die Geschichte eines Hauses. Liegt das Erdgeschoss über dem Straßenniveau, bewohnte es früher sicher ein reicher Kaufmann, der in den großen Gewölbekellern seine Waren aufbewahrte. Das Haus an der Rheinstraße Nr. 20, mit seinem Kellerzugang unter der Eingangstreppe macht dies noch deutlich. Die Häuser von weniger betuchten Einwohnern, wie zum Beispiel in der Turmstraße, lebten dagegen „auf der Straße". Sie benötigten keine Gewölbe, um dort Wein, Getreide, Gewürze oder andere Waren zu lagern. Der Begriff „betucht" hat seinen Ursprung übrigens auch im Mittelalter. Nur wer reich war, konnte sich gute Stoffe und aufwendig verarbeitetes Tuch für seine Kleidung leisten.

Der Schlossplatz war früher der Marktplatz von Zons. Links vom gelb gestrichenen Kreismuseum, das über eine ansehnliche Zinnsammlung verfügt (geöffnet Di–Fr 14–18 Uhr, Sa, So 11–17), geht es in die ehemalige Burg- oder Schlossanlage der Stadt, die erst seit kurzem für die Öffentlichkeit wieder begehbar ist. Im ehemaligen inneren Burghof stieß man 1982 auf die Fundamente von zwei Kirchen, die durch verschieden farbige Pflasterun-

Vor dem ehemaligen Feldtor, welches Mitte des 19. Jahrhunderts aus verkehrstechnischen Gründen abgerissen wurde, erinnert seit 1960 der Schweinebrunnen an die wechselvolle Geschichte dieser Stadt. Berühmt wurde vor allem die Zonser „Schweinefehde" (1574–77), in deren Verlauf ein Amtmann des Kölner Erzbischofs eine Herde Schweine stahl, um so die Ansprüche seines Herrn auf die Stadt zu bekräftigen.

gen gekennzeichnet sind. Die rötlichen Pflastersteine weisen auf die kleinere Kirche aus dem 10. Jahrhundert, die grauen auf den Nachfolgebau aus dem 12. Jahrhundert hin. Durch den mächtigen Torturm gelangt man schließlich auf ein großes freies Feld: das ehemalige Vorburggelände. Gut zu sehen ist noch der Graben, der die innere Burganlage vor Feinden schützte. Auch hier lassen sich die großen Basaltsäulen, die in die Ziegelmauer integriert wurden, erkennen. Direkt dahinter liegt die Zonser Freilichtbühne, auf der schon seit 1935 Märchen und Historienspiele aufgeführt werden.

Info: Stadtmarketing, Tel. 0 21 33/974 97 70.

Zurück auf dem Schlossplatz, schlendert man am besten über die Schlossstraße, vorbei an Cafés und kleinen Geschäften zum Schweinebrunnen, der schon außerhalb der alten Stadtmauer liegt. Das Denkmal erinnert an die so genannte „Schweinefehde" von 1574-77, als der Kölner Erzbischof 50 Borstentiere entführen ließ, um seinen Anspruch auf Zons zu dokumentieren.

Hier gibt es auch zwei schöne Gartenrestaurants, die vor allem im Sommer fast immer bis auf den letzten Platz belegt sind. Das Alte Cafehaus Zons ist vor allem bei Radwanderern sehr beliebt und bietet mit seinen 90 Plätzen auf der eigenen Gartenterrasse genug Platz für Familien und Vereine. Noch in-

nerhalb der Stadtmauern liegt das kleine Hotel-Restaurant „Zum Feldtor“ mit einem romantischen Innenhof.
Die alte Windmühle, die von hier gut zu sehen ist, war ursprünglich der südwestliche Eckturm der Stadt. Erst im 15. Jahrhundert wurde er zur Mühle umfunktioniert und später mit einer so genannten Holländischen Flügelkappe ausgestattet, die es erlaubte, die großen Mühlenflügel immer optimal nach dem Wind auszurichten.

Wenige Rheinkilometer vor Zons ragt am rechten Ufer der Mast eines Aalschokkers aus den Fluten. Vor etlichen Jahren ist dieses Schiff bei Hochwasser direkt vor der Mündung des Silbersees gesunken und harrt seitdem seiner Bergung, die jedoch, finanziell gesehen, recht aufwendig ist. Dieser Schiffstyp wurde früher am ganzen Rhein für den Fang von Aalen eingesetzt und ist bis heute noch an verschiedenen Stellen im Einsatz. Kein Wunder: Seit zehn Jahren hat sich die Wasserqualität dermaßen verbessert, dass wieder über 30 Fischarten im Strom heimisch geworden sind.

Um dem Rundgang zu beenden und wieder zum Ausgangspunkt zurückzukehren, empfiehlt es sich, entlang der Westmauer, die am „Feldtor“ beginnt, in Richtung Krötschenturm zu spazieren. Dieser große runde Turm, der früher auch als Gefängnis diente, steht exakt an der nordwestlichen Ecke der alten Festung. An der Mauer erkennt man die nie fertig gestellten großen Wehrbögen, die ursprünglich die Wehrgänge tragen sollten, und die kleinen Wachhäuschen, die wie behäbige Krähen auf der Mauerkrone sitzen. Bevor man nun nach wenigen Schritten wieder das Rheintor erreicht, noch ein **Tipp:** Die Gaststätte „Schloss Destille“ beherbergt neben einem kleinen Museum (geöffnet Fr ab 18 Uhr, Sa ab 14 Uhr, sonn- und feiertags ab 11 Uhr) auch ein hervorragendes Restaurant (Tel. 0 21 33/ 476 58). In den gemütlichen Räumen, die liebevoll mit vielen Antiquitäten ausgestattet sind, werden

Auf den Wiesen vor der Ostmauer wird ein großes Ritterlager aufgeschlagen, wo verschiedene mittelalterliche Vereinigungen das 13. Jahrhundert wieder aufleben lassen. Höhepunkt des Spektakels für Jung und Alt ist sicher das Turnier, wo original gerüstete Ritter auf ihren prachtvoll geschmückten Pferden zum Kampf antreten.

von den Besitzern sehr schöne mittelalterliche Gelage und Ritterabende angeboten. Zudem besitzt das Haus einen kleinen Gewölbekeller und ein paar Hotelzimmer. Im Sommer sollte man es sich nicht nehmen lassen, eine Pause in dem romantischen Innenhof einzulegen.

Der mittelalterliche Matthäusmarkt wird in der zweiten Septemberhälfte um den 21.9., dem Namenstag des Patrons abgehalten. Alte, fast vergessene Handwerkskunst wird dann zum Leben erweckt. Glasbläser, Holzschuhmacher, Weber, Schmiede und Töpfer bieten ihre Waren in den Gassen und Straßen der Stadt an. Die aktuellen Termine sind entweder über den Verkehrsverein (Tel. 0 21 33/25 72 62) oder auf der Homepage www.zons.de zu erfahren.